뉴시티
교리문답

죠이북스

(주)죠이북스는 그리스도를 대신한 사신으로
문서를 통한 지상 명령 성취와 하나님 나라 확장을 위해 노력합니다.

The New City Catechism
Copyright © 2017 by The Gospel Coalition and Redeemer Presbyterian Church
Published by Crossway
a publishing ministry of Good News Publishers
Wheaton, Illinois 60187, U.S.A.

This Korean translation edition © 2018 by JOY BOOKS Co., Ltd., Seoul, Republic of Korea.
This edition published by arrangement with Crossway
through rMaeng2, Seoul, Republic of Korea.
All rights reserved.

이 한국어판의 저작권은 알맹2 에이전시를 통하여 Crossway와 독점 계약한 (주)죠이북스에 있습니다.
신 저작권법에 의하여 한국 내에서 보호받는 저작물이므로 무단 전재와 무단 복제를 금합니다.

뉴시티
교리문답

우리의 신앙을
굳건히 세워 줄
52개 문답

복음 연합 · 리디머 장로교회 지음

차례

들어가는 글 … 7
다양한 암송 방법 … 9
하나님을 향한 우리의 반응 … 10
핵심 덕목 … 11
활용법 … 12

1부 성부 하나님, 창조와 타락, 율법 (문답 1–20) … 15
2부 성자 하나님, 구속, 은혜 (문답 21–35) … 57
3부 성령 하나님, 회복, 성화 (문답 36–52) … 89

복습 … 124

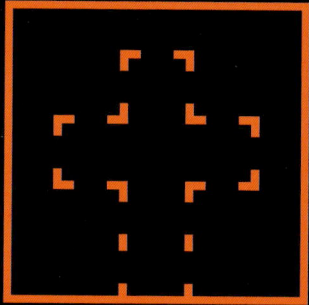

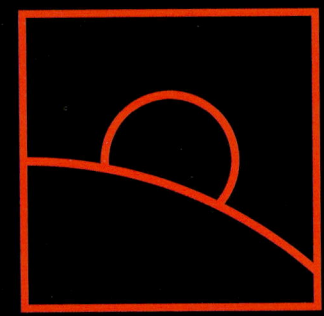

들어가는 글
캐시 켈러

"우리 아이들하고 교리문답을 해보라고요?" 몇 년 전, 누군가가 아직 어리고 매우 활동적인 우리 아들들에게 교리문답을 해보면 어떻겠느냐고 제안했을 때 내가 보인 반응이다. 그런데 놀랍게도 아이들과 함께 교리문답을 하면서 우리는 정말 멋진 경험을 했다.

우리는 《어린 자녀를 위한 교리문답》(The Catechism for Young Children)을 사용했는데, 웨스트민스터 소요리문답을 매우 간략하게 설명한 책이다. 우선 질문들이 매우 쉬웠고, 대답들도 굉장히 짧았다. 그래서 18개월 된 아이들도 "누가 너를 만들었을까?"라는 첫째 질문에 "하나님이요!"라고, "하나님은 또 무얼 만드셨지?"라는 둘째 질문에 "모든 것이요"라고 의기양양하게 대답할 수 있었다. 우리는 아이들이 질문과 대답을 주고받는 리듬감을 아주 재미있어 한다는 사실을 깨달았다. 교리문답은 아이들에게 거의 놀이였다. 그리고 이 놀이를 통해 진정한 성취감도 느낄 수 있었다.

사실 아이들에게 처음 교리문답을 가르칠 때는 감이 잘 오지 않았다. 신학대학원생 시절, 나는 조직폭력배가 들끓는 필라델피아의 한 지역에 있는 교회에서 여름 내내 사역을 했었다. 그런데 그 지역에서도 가장 열악한 곳에서 어느 젊은 목회자가 어린이 사역을 크게 부흥시켰다는 소식을 들었다. 수백 명의 초등학생과 중학생이 토요 모임에 몰려든다는 것이었다. 나는 어떤 프로그램을 활용하는지 확인하기 위해 그곳을 방문했다.

나는 무엇을 기대하고 갔던 걸까? 잘 모르겠다. '친절한 자원봉사자들이 음료수를 나눠 주면서 아이들을 안아 주고, 예수님 이야기를 하려나?' 막연히 그렇게 생각한 것 같다. 그러나 나는 내 앞에 펼쳐진 광경에 입이 떡 벌어질 정도로 놀라고 말았다. 건물을 가득 채운 200명 넘는 아이들이 연령별로 나뉘어서 교리문답을 배우고 있었던 것이다! 정말이지 엄청난 경험이었다. 나는 교리문답을 현대에도 사용할 수 있는 교육 방식이라고 생각해 본 적이 전혀 없었을 뿐 아니라, 그럴더라도 이러한 환경에서 교육한다는 것은 상상조차 하지 못했다.

그 목사는 충격을 받아 이렇게 묻는 사람들이 낯설지 않았던 모양이다. "도대체 왜 아이들에게 교리문답을 외우게 하는 겁니까? 아이들에게는 기본적인 복음 메시지가 필요한 것 아닌가요? 도대체 복음은 언제 제시할 겁니까?" 나는 그 목사의 말을 아직도 잊지 못한다.

"이 아이들은 하나님이나 예수님, 죄와 같은 것에 대해 전혀 모릅니다. 그런 말을 들어 본 적이 없으니까요. 그저 욕설이나 들어 온 아이들이거든요. 그렇기 때문에 아이들의 마음에 말씀과 생각과 개념의 틀을 잡아 주어야 합니다. 그렇게 해야 죄에 대해서, 그리고 죄 때문에 오셔서 죽으신 구주에 대해서 이야기할 때 무슨 말인지 알아들을 수 있으니까요."

그 대답을 어느 정도 인정할 수는 있었지만, 온전히 확신하지는 못했다. 실제로 그럴지 몰라도, 아이들에게 교리문답을 외우게 한다는 것은 여전히 매우 구시대적으로 보였다. 아무리 아이들이 영적인 교육을 전혀 받지 못했다고 해도 말이다. 그러나 몇 주 뒤, 내 생각을 확 바꿔 준 사건이 일어났다.

나는 예전부터 이웃에 사는 열두 살 소녀와 멘토 관계를 맺고 복음을 전하고 있었다. 아니, 적어도 그렇다고 생각했다. 그날 나는 매우 흥분한 목소리로 이야기하다가 이렇게 물었다. "부활절이 무슨 날이라고 했지?" 아이는 잠시 생각하더니 이렇게 대답했다. "어떤 남자가 태어난 날이었나? 아니다, 죽은 날이었나? 아, 잊어버렸어요." 이 아이는 내 말을 이해할 수 있는 틀을 전혀 갖추지 못했던 것이다. 차라리 교리문답을 시작했더라면 좋았겠다는 생각이 들었다.

이제 우리 가족 이야기를 소개하며 개인적인 이야기는 마무리하려고 한다. 막내 아이인 조나단이 하루는 보모 집에서 나를 기다리고 있었다. 조나단이 매우 골똘히 창밖을 바라보고 있자, 보모가 이렇게 물었다. "조나단, 무슨 생각 하니?" 보모는 의식하지 못했겠지만, 이 질문이 우리 아이의 뇌에 있는 한 부분("어른이 질문하면 나는 대답한다")을 촉발시킨 모양이다. 아이는 (교리문답 내용대로) "하나님이요"라고 대답했다. 그러자 보모는 놀라서 또 물어보았다. "하나님에 대해 뭘 생각했는데?" 이번에는 더 놀라운 대답을 들었다. 조나단이 (교리문답 둘째 대답과 셋째 대답을 조합해서) "하나님이 자신의 영광을 위해서 이 모든 것을 어떻게 만드셨는지 생각했어요"라고 대답한 것이다. 보모는 거의 놀라 자빠질 뻔했다고 한다. 눈앞에 엄청난 영재가 있다고 생각한 것이다. 사실은 그냥 교리문답에 있는 내용인데 말이다.

시간과 다짐

이야기는 이쯤에서 마무리하자. 그러면 21세기 이 땅에서 가족과 함께 살아가는 사람들은 실제로 교리 교육을 어떻게 실천할 수 있을까? 이 과제는 꽤 도전적이다. 많은 가족이 혼자 시작했다가 그만두고, 또다시 시작하기를 반복한다(우리 역시 그랬다). 만약 교회에서 교리 교육 프로그램을 하거나, 소모임에서 책임을 맡는다면 훨씬 수월할 것이다. 그렇게 해서 매주 질문과 대답을 암송하고 낭독하는 것이다. 우리 교회의 한 어머니는 이렇게 썼다.

"우리는 교리문답이 우리 가족의 삶과 조화를 이루게 할 몇 가지 방법을 찾았다. …… 그중 몇몇은 특히 성공적이었다. 어쨌든 우리는 교리문답이 매우 중요하다는 사실을 절감했다. 잠자기 전 기도를 할 때 아이들과 교리문답을 했었다. 가족끼리 교리문답을 암송하는 일은 몇 차례 시도하다가 그만두었다. 또 교회에서 4, 5학년 학생들에게 교리문답을 가르치기도 했었다. 교리 교육이 우리 가족에 끼친 긍정적인 효과는 이렇다. 하나님의 진리를 이해하기 쉬운 질문과 대답으로 정리했기 때문에 우리 자녀들은 삶과 주변 세상을 경험하면서 하나님이 시간과 역사 속에서 어떻게 일하시는지, 하나님이 그들의 삶과 이 세상과 인류의 미래에 어떻게 일하실지 이해할 수 있었다. 삶에서 어려운 문제를 겪을 때, 교리문답은 종종 우리가 자녀들에게 성경의 진리를 따르도록 지도할 수 있는 지침이 되었다."

핵심은 우리가 자녀에게 영적 생활의 토대를 마련해 줄 정신적 기초를 제공하겠다는 확신을 품는 것이다. 비유를 바꿔 보자면, 벽난로에 불쏘시개와 통나무를 쌓아 두는 것이다. 그래서 성령께서 자녀의 마음에 불을 붙이실 때 활활 타오르는 불길을 일으키실 수 있도록 준비하는 것이다.

다양한 암송 방법

- 질문과 대답을 큰 소리로 읽는다. 그리고 반복하고, 반복하고, 반복한다.

- 질문과 대답을 큰 소리로 읽고 나서, 보지 않고 말해 본다. 틀리지 않고 말할 때까지 반복한다.

- 마음대로 몸을 움직이면서 1부에 나오는 모든 질문과 대답을 소리 내어 읽는다(2부와 3부도 그렇게 한다). 몸을 움직이면서 말하는 방법은 더 쉽게 기억을 떠올릴 수 있게 해준다.

- 1부에 나오는 질문과 대답을 읽되, 그것을 녹음한다(2부와 3부도 그렇게 한다). 운동이나 집안일 등 일상생활을 하면서 녹음한 내용을 듣는다.

- 작은 종이에 교리문답을 적고, 눈에 잘 띄는 곳에 붙여 놓는다. 그 종이가 눈에 띌 때마다 소리 내어 읽는다.

- 한쪽에는 질문을, 다른 쪽에는 대답을 적은 플래시 카드(그림이나 글자를 적어 놓은 학습용 카드_ 옮긴이)를 만들고, 그 카드를 활용하여 자가 점검을 한다. 아이들에게는 카드에 색을 칠하거나 그림을 그리게 해도 좋다.

- 아침과 저녁에 질문과 대답을 복습한다. 잠자리에서 아이들이 대답을 기억하도록 돕고, 아침에는 식사를 하며 반복한다.

- 같은 교리문답을 반복해서 적는다. 쓰는 과정은 더 쉽게 기억을 떠올릴 수 있게 해준다.

- 되도록 자주 다른 사람과 번갈아 가며 교리문답을 묻고 답한다.

- www.newcitycatechism.com을 방문하여 뉴시티 교리문답을 익히는 데 도움이 되는 노래와 자료들을 찾아본다.

하나님을 향한 우리의 반응

아이들은 끊임없이 배운다. 아이들에게는 탐구하려는 마음이 있어서 놀라울 정도로 정보를 빨아들인다. 복잡하고 끊임없이 변화하는 세상을 이해하기 위해 노력하며, 살아남기 위해, 심지어 성공하기 위해 기술들을 습득하려고 한다. 배우는 동안 아이들은 마음 깊이 이해의 틀을 세워 간다. 이것을 세계관이라고 한다. 아이와 어른 모두 자신만의 세계관을 통해 세상을 관찰하고, 세상과 상호작용한다. 자녀들을 양육하면서 세상에 대한 이해, 즉 세상이 어떻게 작동하는지, 세상에서 아이들이 지닌 독특한 목적이 무엇인지를 깨닫도록 그들을 빚어낸다는 것은 신나면서도 엄청난 책임이 따르는 일이다. 자녀와 교리문답을 한다는 것은 그들의 세계관을 확립하는 것이고, 성경으로 세상에 대해 가르치는 것이며, 그들이 함께 살아가고 놀고 배우고 일할 사람들과 맺을 관계를 결정하는 것이다.

교리문답의 모든 질문에는 11쪽에 나오는 그리스도인의 덕목 가운데 하나에 해당하는 상징이 있다. 각 질문과 그에 대한 대답은 성경에서 직접 뽑은 것이다. 자녀들은 교리문답을 하면서 성경의 진리를 마음 깊이 담게 된다. 각 덕목에 해당하는 상징들은 하나님 말씀에 어떻게 반응해야 할지에 대해 가족들이 이야기를 나누는 데 도움을 주려는 지침이며, 뉴시티 교리문답 커리큘럼(출간 예정)에도 똑같이 사용된다. 뉴시티 교리문답이 강조하고 의도하는 바는 이 교리문답을 배우는 아이들의 마음을 형성하고 그 마음에 영향을 끼치는 것이다. 우리는 이 교리문답을 통해 경건하고 성숙하며 고결한 젊은이들을 길러낼 수 있길 바란다.

이 책에 나오는 52개의 문답을 가족이 함께 힘써 배우기를 소망한다. 이것은 지식만 넓혀 주는 것이 아니다. 온 마음으로 하나님을 사랑하게 되면서 성령의 열매도 자라날 것이다.

오늘 내가 네게 명하는 이 말씀을 너는 마음에 새기고 네 자녀에게 부지런히 가르치며 집에 앉았을 때에든지 길을 갈 때에든지 누워 있을 때에든지 일어날 때에든지 이 말씀을 강론할 것이며 너는 또 그것을 네 손목에 매어 기호를 삼으며 네 미간에 붙여 표로 삼고 또 네 집 문설주와 바깥 문에 기록할지니라(신 6:6-9).

— 멜라니 레이시
 오크힐 대학, "어린이와 학생을 위한 신학" 책임자

핵심 덕목

경외
하나님에 대한 인식을 넓혀 가면서, 자신이 하나님과 다른 사람과 관계를 맺기 위해 창조된 존재임을 바르게 이해한다.

용서
그리스도께서 십자가에서 희생 제물로 죽으심을 통해 놀라운 용서를 베푸셨음을 분명하게 이해하면서, 적극적으로 용서하는 품성을 기른다.

감사
자신의 삶에 하나님이 베푸신 선하심과 은혜를 깨달으면서, 감사하는 성품이 계발된다. 이러한 성품은 감사하는 영을 길러 내고 다른 사람에게 너그럽게 행동하게 만든다.

정직
복음의 진리와 하나님의 거룩함을 인식하면서, 투명하고 정직하게 살아가려는 열망을 품는다. 이것은 하나님과 다른 사람과 관계를 맺는 데 큰 유익을 준다.

희망
하나님의 영원한 계획과 섭리를 이해하면서, 하나님이 내 안에서 나 자신이 예수를 더 닮아가도록 일하고 계시며 언젠가는 하나님과 영원히 함께하리라는 희망을 알기 시작한다.

겸손
예수의 삶에 드러난 겸손을 보면서, 점차 다른 사람들의 필요를 자신의 필요보다 우선한다. 다른 사람을 위해 자신의 이익이나 지위를 기꺼이 희생할 것이다.

기쁨
하나님의 완전함, 능력, 섭리를 알고 이해하면서, 기뻐하는 성품을 함양한다. 이로써 외부적인 요소와 경험을 통해 얻는 순간적인 행복보다 하나님과 그분의 약속에서 만족을 찾는다.

사랑
조건 없는 하나님의 사랑, 우리를 구속하시는 그 사랑을 이해하면서, 사랑할 수 있는 능력과 사랑하는 성향이 강화된다. 이것은 가족과 친구들과 관계를 맺는 데 영향을 끼친다.

인내
자신의 삶에 일어나는 성령의 사역과, 영원한 영광에 대한 소망을 이해하면서, 인내의 정신이 길러진다. 하나님의 능력과 섭리를 굳게 확신하며 삶의 시험과 어려움에 직면할 수 있도록 세워진다.

신뢰
삼위일체 하나님과 성경의 위대한 진리를 배우면서, 굳건하고 신뢰할 수 있는 세계관을 확립한다. 그리고 이 세계관을 통해 세상을 만난다.

활용법

질문은 읽기 쉽게 큰 글씨로 적혀 있다.

문24

구속자이신 그리스도께서 왜 죽으셔야 했습니까?

본문에 있는 그림은
질문과 대답을 시각적으로
설명해 준다. 각 그림은
시각형 학습자(visual learner)
가 쉽게 암송할 수 있도록
고안되었다.

답
죄의 삯은 사망이기 때문입니다. 그리스도께서는 **기꺼이 우리 대신 죽으시고 우리를 죄의 힘과 형벌에서 구하셔서 하나님께로 이끄셨습니다.** 죽음으로 우리 대신 죄를 속하신 그리스도만이 우리를 지옥에서 구원하시며, 우리에게 죄 용서와 의, 영원한 생명을 주십니다.

더 간략한 대답을 강조 표시하여 아이들도 암송할 수 있게 하였다.

아이콘은 각 질문에서 도출되는 "하나님을 향한 반응"을 상징한다. 아이콘 내용은 11쪽에서 찾아볼 수 있다.

골로새서 1:21-22
전에 악한 행실로 멀리 떠나 마음으로 원수가 되었던 너희를 이제는 그의 육체의 죽음으로 말미암아 화목하게 하사 너희를 거룩하고 흠 없고 책망할 것이 없는 자로 그 앞에 세우고자 하셨으니

뒷받침하는 성경 구절

1부

성부 하나님
창조와 타락
율법

문 1

사나 죽으나 우리의 유일한 희망은 무엇입니까?

답

우리는 우리 자신에게 속한 것이 아니며, 육체와 영혼, 삶과 죽음 모두 우리 **하나님**과 우리 구주 예수 그리스도께 **속한 것**이라는 사실입니다.

로마서 14장 7–8절
우리 중에 누구든지 자기를 위하여 사는 자가 없고 자기를 위하여 죽는 자도 없도다 우리가 살아도 주를 위하여 살고 죽어도 주를 위하여 죽나니 그러므로 사나 죽으나 우리가 주의 것이로다.

문 2

하나님은 어떤 분입니까?

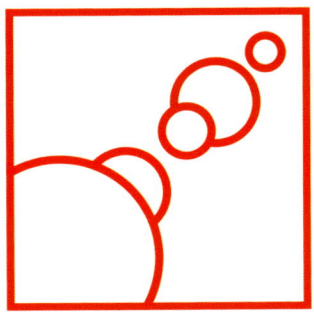

답

하나님은 모든 사람과 모든 것을 지으시고 보호하시는 분입니다. 그분의 능력과 완전함, 선하심, 영광, 지혜, 공의, 진리는 영원하고, 무한하며, 변함이 없습니다. 모든 것은 그분으로 말미암아 그분의 뜻을 따라 일어납니다.

시편 86편 8-10, 15절
주여 신들 중에 주와 같은 자 없사오며 주의 행하심과 같은 일도 없나이다 주여 주께서 지으신 모든 민족이 와서 주의 앞에 경배하며 주의 이름에 영광을 돌리리이다 무릇 주는 위대하사 기이한 일들을 행하시오니 주만이 하나님이시니이다 …… 그러나 주여 주는 긍휼히 여기시며 은혜를 베푸시며 노하기를 더디 하시며 인자와 진실이 풍성하신 하나님이시오니.

문 3

하나님께는
얼마나 많은 위격이
있습니까?

답

오직 참되시고 살아 계신 한 하나님께는 성부, 성자, 성령, 세 위격이 있습니다. 이 삼위는 본질적으로 동일하며, 능력과 영광이 동등합니다.

고린도후서 13장 13절
주 예수 그리스도의 은혜와 하나님의 사랑과 성령의 교통하심이 너희 무리와 함께 있을지어다.

문 4

하나님은 우리를 어떻게, 왜 창조하셨습니까?

답

하나님은 자신의 형상을 따라 남자와 여자로 우리를 창조하셨습니다. 그것은 그분을 알고 사랑하며, 그분과 함께 살아가고, 그분을 영화롭게 하기 위해서였습니다. 따라서 하나님께 지음 받은 우리가 그분의 영광을 위해 살아가는 것은 당연한 일입니다.

창세기 1장 27절
하나님이 자기 형상 곧 하나님의 형상대로 사람을 창조하시되 남자와 여자를 창조하시고.

문 5

하나님은
또 무엇을 창조하셨습니까?

답

하나님은 능력 있는 말씀으로 만물을 창조하셨습니다. 그분이 창조하신 세계는 매우 좋았습니다. 모든 것은 그분의 사랑의 통치 아래 번성하였습니다.

창세기 1장 31절
하나님이 지으신 그 모든 것을 보시니 보시기에 심히 좋았더라.

문 6

우리는 어떻게
하나님을 영화롭게 할 수 있습니까?

답
―

우리는 **하나님**을 즐거워하며, **사랑**하고, 믿으며, 하나님의 뜻과 **명령**과 율법에 순종하는 것으로 그분을 영화롭게 합니다.

신명기 11장 1절
그런즉 네 하나님 여호와를 사랑하여 그가 주신 책무와 법도와 규례와 명령을 항상지키라.

문 7

하나님의 율법은 무엇을 명하고 있습니까?

답

인격적이고 완전하며 지속적으로 순종하라고 명하고 있습니다. 우리는 우리 마음과 목숨과 뜻과 힘을 다하여 하나님을 사랑하고, 이웃을 나 자신같이 사랑해야 합니다. 하나님이 금하시는 것은 결코 하지 말아야 하며, 하나님이 명하시는 것은 늘 행해야 합니다.

마태복음 22장 37-40절
예수께서 이르시되 네 마음을 다하고 목숨을 다하고 뜻을 다하여 주 너의 하나님을 사랑하라 하셨으니 이것이 크고 첫째 되는 계명이요 둘째도 그와 같으니 네 이웃을 네 자신같이 사랑하라 하셨으니 이 두 계명이 온 율법과 선지자의 강령이니라.

문 8

하나님의 율법은 십계명에 어떻게 나타나 있습니까?

답

너는 나 외에는 다른 신들을 네게 두지 말라. 너를 위하여 새긴 우상을 만들지 말고 또 위로 하늘에 있는 것이나 아래로 땅에 있는 것이나 땅 아래 물속에 있는 것의 어떤 형상도 만들지 말며 그것들에게 절하지 말며 그것들을 섬기지 말라.

너는 네 하나님 여호와의 이름을 망령되게 부르지 말라. 안식일을 기억하여 거룩하게 지키라. 네 부모를 공경하라. 살인하지 말라. 간음하지 말라. 도둑질하지 말라. 거짓 증거하지 말라. 탐내지 말라.

출애굽기 20장 3절
너는 나 외에는 다른 신들을 네게 두지 말라.

문 9

하나님은 첫째 계명, 둘째 계명, 셋째 계명에서 무엇을 명하십니까?

답

하나님은 첫째 계명에서 우리에게 하나님이 참되고 살아 계신 유일한 하나님임을 알고 신뢰하라고 명하셨습니다. 둘째 계명에서는 모든 우상숭배를 피하고 하나님을 그릇되게 경배하지 말라고 명하셨습니다. 셋째 계명에서는 하나님의 이름을 경외하고 높이며 그분의 말씀과 사역도 높이라고 명하셨습니다.

신명기 6장 13-14절
네 하나님 여호와를 경외하며 그를 섬기며 그의 이름으로 맹세할 것이니라 너희는 다른 신들 곧 네 사면에 있는 백성의 신들을 따르지 말라.

문 10

하나님은
넷째 계명과 다섯째 계명에서
무엇을
명하십니까?

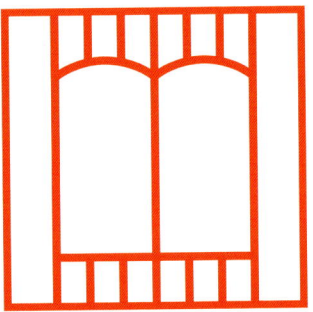

답
―

하나님은 넷째 계명에서 안식일에 공예배와 개인 예배를 드리고, 일상적인 업무를 하지 말며, 주님과 다른 사람들을 섬기면서 영원한 안식을 고대하라고 명하셨습니다. 다섯째 계명에서는 부모님을 사랑하고 공경하며, 그들의 경건 훈련과 가르침에 순종하라고 명하셨습니다.

레위기 19장 3절
너희 각 사람은 부모를 경외하고 나의 안식일을 지키라 나는 너희의 하나님 여호와이니라.

문 11

하나님은 여섯째 계명, 일곱째 계명, 여덟째 계명에서 무엇을 명하십니까?

답

하나님은 **여섯째 계명**에서 **이웃을 해하거나 미워하거나 적대시하지** 말고 인내하며 화목하고, 원수일지라도 사랑하라고 **명하셨습니다.**
일곱째 계명에서는 성적 부도덕을 삼가며, 정결하고 신실하게 살며, 결혼을 했든 하지 않았든 행동과 시각, 말, 생각, 욕망 등에서 음란함으로 이끄는 것은 무엇이든 피하라고 **명하셨습니다.**

여덟째 계명에서는 다른 사람의 소유물을 **허락 없이 가져가지 말며,** 우리가 누릴 수 있는 유익을 다른 사람에게 내어 주라고 **명하셨습니다.**

로마서 13장 9절
간음하지 말라, 살인하지 말라, 도둑질하지 말라, 탐내지 말라 한 것과 그 외에 다른 계명이 있을지라도 네 이웃을 네 자신과 같이 사랑하라 하신 그 말씀 가운데 다 들었느니라.

문 12

하나님은 아홉째 계명과 열째 계명에서 무엇을 명하십니까?

답

하나님은 아홉째 계명에서 거짓말하거나 속이지 말고 사랑으로 진리를 말하라고 명하셨습니다. 열째 계명에서는 다른 사람을 시기하지 말며 하나님이 우리나 다른 사람에게 주신 것을 원망하지 말고 만족하라고 명하셨습니다.

야고보서 2장 8절
너희가 만일 성경에 기록된 대로 네 이웃 사랑하기를 네 몸과 같이 하라 하신 최고의 법을 지키면 잘하는 것이거니와.

문 13

하나님의 율법을 완전하게 지킬 수 있습니까?

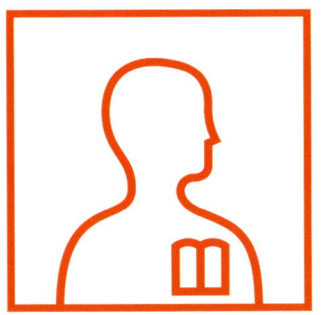

답

타락 이후, 인간은 하나님의 율법을 완전하게 지킬 수 없으며 오히려 생각과 말과 행동으로 율법을 계속 어기고 있습니다.

로마서 3장 10-12절
의인은 없나니 하나도 없으며 깨닫는 자도 없고 하나님을 찾는 자도 없고 다 치우쳐 함께 무익하게 되고 선을 행하는 자는 없나니 하나도 없도다.

문 14

하나님은 우리를 만드실 때 자신의 율법을 지킬 수 없도록 만드신 것입니까?

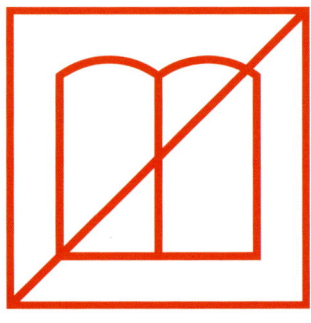

답

그렇지 않습니다. 그러나 첫 부모인 아담과 하와의 불순종 때문에 모든 피조물이 타락했습니다. 우리는 모두 죄와 죄책 가운데 태어났고 우리의 본성은 부패했기 때문에 하나님의 율법을 지킬 수 없습니다.

로마서 5장 12절
그러므로 한 사람으로 말미암아 죄가 세상에 들어오고 죄로 말미암아 사망이 들어왔나니 이와 같이 모든 사람이 죄를 지었으므로 사망이 모든 사람에게 이르렀느니라.

문 15

어느 누구도 율법을 지킬 수 없다면, 율법의 목적은 무엇입니까?

답

율법의 목적은 하나님의 거룩한 본성과 뜻을 알고 우리 마음의 죄악 된 본성과 불순종을 깨달아 우리에게 구주가 필요하다는 것을 확신케 하는 것입니다. 율법은 또한 구주께서 받으실 만한 삶을 살도록 우리를 가르치고 격려합니다.

로마서 3장 20절
그러므로 율법의 행위로 그의 앞에 의롭다 하심을 얻을 육체가 없나니 율법으로는 죄를 깨달음이니라.

문 16

죄는 무엇입니까?

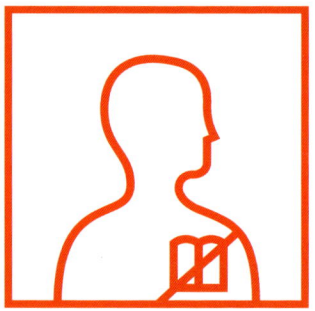

답

죄는 하나님이 창조하신 세상에 살면서 하나님을 거부하거나 무시하는 것입니다. 하나님과 상관없이 살면서 그분을 거스르고, 하나님이 율법에서 요구하시는 대로 살지도, 행하지도 않는 것입니다. 그 결과 우리는 죽음에 이르고 모든 피조물은 파괴되었습니다.

요한일서 3장 4절
죄를 짓는 자마다 불법을 행하나니 죄는 불법이라.

문 17

우상 숭배는 무엇입니까?

답

우상 숭배는 창조주가 아닌 피조물에 우리의 소망과 행복, 가치와 안전을 맡기는 것입니다.

로마서 1장 21, 25절
하나님을 알되 하나님을 영화롭게도 아니하며 감사하지도 아니하고 오히려 그 생각이 허망하여지며 미련한 마음이 어두워졌나니 …… 이는 그들이 하나님의 진리를 거짓 것으로 바꾸어 피조물을 조물주보다 더 경배하고 섬김이라.

문 18

하나님은 우리의 불순종과 우상 숭배를 벌하지 않으십니까?

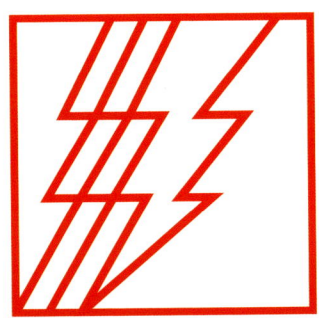

답

아닙니다. 모든 죄는 하나님의 주권, 거룩하심, 선하심과 그분의 의로운 율법을 거스릅니다. 따라서 **하나님은 우리의 죄에 의로운 분노를 보이셔서** 이 땅의 삶과 다가올 삶 모두에서 공의로운 심판으로 **그 죄들을 벌하실 것입니다.**

에베소서 5장 5-6절
너희도 정녕 이것을 알거니와 음행하는 자나 더러운 자나 탐하는 자 곧 우상 숭배자는 다 그리스도와 하나님의 나라에서 기업을 얻지 못하리니 누구든지 헛된 말로 너희를 속이지 못하게 하라 이로 말미암아 하나님의 진노가 불순종의 아들들에게 임하나니.

문 19

형벌을 면하고 다시 하나님의 은혜를 누릴 방법이 있습니까?

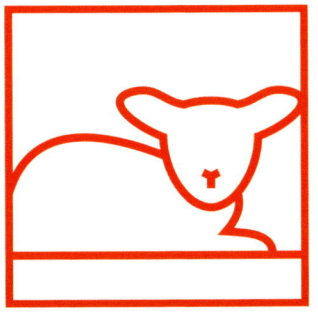

답

있습니다. 순전한 자비로 그분의 공의, 즉 하나님 자신을 충족시키는 것입니다. 그로 인해 우리는 <mark>구속자에 의해</mark> 하나님과 화해하고 죄와 죄에 대한 형벌에서 구원받게 됩니다.

이사야 53장 10-11절
여호와께서 그에게 상함을 받게 하시기를 원하사 질고를 당하게 하셨은즉 그의 영혼을 속건제물로 드리기에 이르면 그가 씨를 보게 되며 그의 날은 길 것이요 또 그의 손으로 여호와께서 기뻐하시는 뜻을 성취하리로다 그가 자기 영혼의 수고한 것을 보고 만족하게 여길 것이라 나의 의로운 종이 자기 지식으로 많은 사람을 의롭게 하며 또 그들의 죄악을 친히 담당하리로다.

문 20
구속자는 누구입니까?

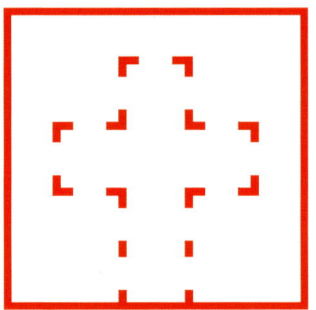

답

유일한 구속자는 하나님의 영원하신 아들, **주 예수 그리스도이십니다.** 그분 안에서 하나님은 사람이 되셨고, 죄의 형벌을 직접 감당하셨습니다.

디모데전서 2장 5절
하나님은 한 분이시요 또 하나님과 사람 사이에 중보자도 한 분이시니 곧 사람이신 그리스도 예수라.

2부

성자 하나님
구속
은혜

문 21

우리가 하나님께 다시 인도되려면 어떠한 구속자가 필요합니까?

답
―
참 인간이자 참 하나님인 구속자가 필요합니다.

이사야 9장 6절
이는 한 아기가 우리에게 났고 한 아들을 우리에게 주신 바 되었는데 그의 어깨에는 정사를 메었고 그의 이름은 기묘자라, 모사라, 전능하신 하나님이라, 영존하시는 아버지라, 평강의 왕이라 할 것임이라.

문 22

구속자는 왜 참 인간이셔야 합니까?

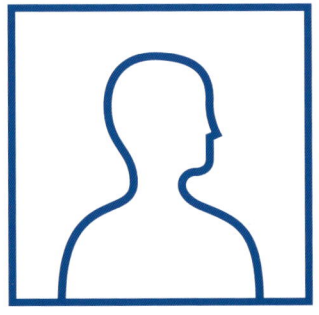

답

인성 안에서 우리를 대신해 모든 율법을 완전하게 순종하시고, 인간의 죄에 대한 형벌을 감당하셔야 했기 때문입니다. 또한 그 안에서 우리의 연약함을 동정하실 수 있기 때문입니다.

히브리서 2장 17절
그러므로 그가 범사에 형제들과 같이 되심이 마땅하도다 이는 하나님의 일에 자비하고 신실한 대제사장이 되어 백성의 죄를 속량하려 하심이라.

문 23

구속자는
왜
참 하나님이셔야 합니까?

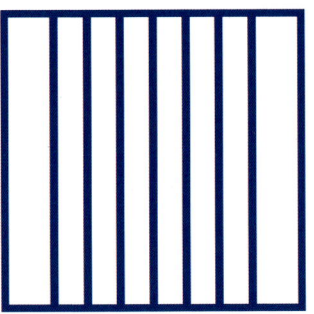

답

그분의 신성 때문에 그분의 순종과 고통이 완전하고 유효하기 때문입니다. 또한 그 때문에 그분이 죄에 대한 하나님의 의로운 분노를 감당하시고 죽음을 이기실 수 있었습니다.

사도행전 2장 24절
하나님께서 그를 사망의 고통에서 풀어 살리셨으니 이는 그가 사망에 매여 있을 수 없었음이라.

문 24

구속자이신 그리스도께서 왜 죽으셔야 했습니까?

답

죄의 삯은 사망이기 때문입니다. 그리스도께서는 기꺼이 우리 대신 죽으시고 우리를 죄의 힘과 형벌에서 구하셔서 하나님께로 이끄셨습니다. 죽음으로 우리 대신 죄를 속하신 그리스도만이 우리를 지옥에서 구원하시며, 우리에게 죄 용서와 의, 영원한 생명을 주십니다.

골로새서 1장 21-22절
전에 악한 행실로 멀리 떠나 마음으로 원수가 되었던 너희를 이제는 그의 육체의 죽음으로 말미암아 화목하게 하사 너희를 거룩하고 흠 없고 책망할 것이 없는 자로 그 앞에 세우고자 하셨으니.

문 25

그리스도의 죽음은 우리의 모든 죄를 용서받을 수 있다는 뜻입니까?

답

그렇습니다. 그리스도의 십자가 죽음이 우리 죄에 대한 대가를 완전히 치렀기 때문입니다. 하나님은 은혜를 베푸셔서 그리스도의 의를 마치 우리의 것인 양 우리에게 전가하셨으며, **더 이상 우리 죄를 기억하지 않으십니다.**

고린도후서 5장 21절
하나님이 죄를 알지도 못하신 이를 우리를 대신하여 죄로 삼으신 것은 우리로 하여금 그 안에서 하나님의 의가 되게 하려 하심이라.

문 26

그리스도의 죽음은
또
무엇을 구속합니까?

답

그리스도의 죽음으로, **타락한 창조 세계의 모든 영역**이 회복되고 새로워지기 시작합니다. 그분은 자신의 영광과 창조 세계의 선함을 위해 만물을 능력으로 다스리십니다.

골로새서 1장 19-20절
아버지께서는 모든 충만으로 예수 안에 거하게 하시고 그의 십자가의 피로 화평을 이루사 만물 곧 땅에 있는 것들이나 하늘에 있는 것들이 그로 말미암아 자기와 화목하게 되기를 기뻐하심이라.

문 27

모든 사람이 아담으로 타락한 것처럼 모든 사람이 그리스도를 통해 구원을 받습니까?

답

그렇지 않습니다. 오직 하나님이 선택하셔서 믿음으로 그리스도와 연합한 자들만 구원을 받습니다. 그럼에도 하나님은 자비하시기 때문에 선택받지 못한 자들에게도 일반 은혜를 베푸십니다. 즉, 죄의 영향력을 제한하고 문화를 가능하게 하셔서 인간이 행복을 누리게 하십니다.

로마서 5장 17절
한 사람의 범죄로 말미암아 사망이 그 한 사람을 통하여 왕 노릇 하였은즉 더욱 은혜와 의의 선물을 넘치게 받는 자들은 한 분 예수 그리스도를 통하여 생명 안에서 왕 노릇 하리로다.

문 28

믿음으로
그리스도와 연합하지 않은 자들은
죽은 후에
어떻게 됩니까?

답

그들은 심판 날에 무섭지만 정당한 정죄의 심판을 통해 자신에게 불리한 판결을 선고받을 것입니다. 그들은 하나님의 은혜로운 임재에서 쫓겨나 지옥으로 떨어지고, 공정하면서도 지독한 형벌을 영원히 받을 것입니다.

요한복음 3장 16-18, 36절
하나님이 세상을 이처럼 사랑하사 독생자를 주셨으니 이는 그를 믿는 자마다 멸망하지 않고 영생을 얻게 하려 하심이라 하나님이 그 아들을 세상에 보내신 것은 세상을 심판하려 하심이 아니요 그로 말미암아 세상이 구원을 받게 하려 하심이라 그를 믿는 자는 심판을 받지 아니하는 것이요 믿지 아니하는 자는 하나님의 독생자의 이름을 믿지 아니하므로 벌써 심판을 받은 것이니라 …… 아들을 믿는 자에게는 영생이 있고 아들에게 순종하지 아니하는 자는 영생을 보지 못하고 도리어 하나님의 진노가 그 위에 머물러 있느니라.

문 29

어떻게 해야
구원을 받을 수 있습니까?

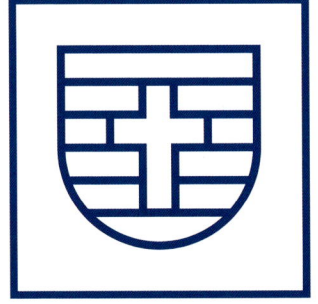

답

==오직 예수 그리스도와, 십자가에서 죽임 당하신 그리스도의 대속을 믿어야 구원을 받을 수 있습니다.== 따라서 하나님께 순종하지 않은 죄가 있고 여전히 죄를 향해 있더라도 우리가 회개하고 그리스도를 믿을 때, 하나님은 우리의 공로가 아니라 오직 순전한 은혜로 그리스도의 완전한 의를 우리에게 전가하십니다.

에베소서 2장 8-9절
너희는 그 은혜에 의하여 믿음으로 말미암아 구원을 받았으니 이것은 너희에게서 난 것이 아니요 하나님의 선물이라 행위에서 난 것이 아니니 이는 누구든지 자랑하지 못하게 함이라.

문 30

예수 그리스도를
믿는 믿음이란 무엇입니까?

답
―

예수 그리스도를 믿는 믿음이란 하나님이 말씀으로 계시하신 모든 것이 진리임을 인정하고, 예수 그리스도를 신뢰하며, 복음이 말하는 대로 그분만이 구원을 주시는 분임을 받아들이고 의지하는 것입니다.

갈라디아서 2장 20절
내가 그리스도와 함께 십자가에 못 박혔나니 그런즉 이제는 내가 사는 것이 아니요 오직 내 안에 그리스도께서 사시는 것이라 이제 내가 육체 가운데 사는 것은 나를 사랑하사 나를 위하여 자기 자신을 버리신 하나님의 아들을 믿는 믿음 안에서 사는 것이라.

문 31

참된 믿음으로 우리는 무엇을 믿습니까?

답

복음이 우리에게 가르치는 모든 것을 믿습니다. 사도 신경은 우리가 믿는 것을 이렇게 표현합니다. "전능하사 천지를 만드신 하나님 아버지를 내가 믿사오며, 그 외아들 우리 주 예수 그리스도를 믿사오니, 이는 성령으로 잉태하사 동정녀 마리아에게 나시고, 본디오 빌라도에게 고난을 받으사 십자가에 못 박혀 죽으시고, 장사한 지 사흘 만에 죽은 자 가운데서 다시 살아나시며, 하늘에 오르사 전능하신 하나님 우편에 앉아 계시다가 저리로서 산 자와 죽은 자를 심판하러 오시리라. 성령을 믿사오며, 거룩한 공회와, 성도가 서로 교통하는 것과, 죄를 사하여 주시는 것과, 몸이 다시 사는 것과, 영원히 사는 것을 믿사옵나이다."

유다서 3절
성도에게 단번에 주신 믿음의 도를 위하여 힘써 싸우라는 편지로 너희를 권하여야 할 필요를 느꼈노니.

문 32

칭의와 성화는 무엇입니까?

답

칭의는 우리가 하나님 앞에서 의롭다 칭해졌다는 뜻입니다. 이것은 그리스도가 우리를 위하여 죽으시고 부활하셨기 때문에 가능합니다. **성화는 우리가 점차 의롭게 된다는 뜻입니다.** 이것은 우리 안에서 일하시는 성령의 역사로 가능합니다.

베드로전서 1장 2절
…… 곧 하나님 아버지의 미리 아심을 따라 성령이 거룩하게 하심으로 순종함과 예수 그리스도의 피 뿌림을 얻기 위하여 택하심을 받은 자들에게 편지하노니 은혜와 평강이 너희에게 더욱 많을지어다.

문 33

그리스도를 믿는 자들이 자신의 공로나 그밖에 다른 것으로 구원을 받을 수 있습니까?

답

아닙니다. 절대로 그럴 수 없습니다. 구원에 필요한 모든 것은 그리스도 안에 있기 때문입니다. 선행을 통해 구원을 받으려는 것은 그리스도가 유일한 구속자이자 구주라는 진리를 부인하는 일입니다.

갈라디아서 2장 16절
사람이 의롭게 되는 것은 율법의 행위로 말미암음이 아니요 오직 예수 그리스도를 믿음으로 말미암는 줄 알므로 우리도 그리스도 예수를 믿나니 이는 우리가 율법의 행위로써가 아니고 그리스도를 믿음으로써 의롭다 함을 얻으려 함이라 율법의 행위로써는 의롭다 함을 얻을 육체가 없느니라.

문 34

오직 그리스도를 통해 은혜로만 구속받았는데도 여전히 하나님의 말씀에 순종하며 선을 행해야 합니까?

답

그렇습니다. 우리를 자신의 피로 구속하신 그리스도께서 또한 우리를 자신의 영으로 새롭게 하시기 때문입니다. 그렇게 해서 우리의 삶으로 하나님께 감사와 사랑을 보이고, 그 열매로 우리의 믿음을 확신하며, 우리의 경건한 행실로 다른 이들을 그리스도께 인도하기 위해서입니다.

베드로전서 2장 9-12절
그러나 너희는 택하신 족속이요 왕 같은 제사장들이요 거룩한 나라요 그의 소유가 된 백성이니 이는 너희를 어두운 데서 불러 내어 그의 기이한 빛에 들어가게 하신 이의 아름다운 덕을 선포하게 하려 하심이라 너희가 전에는 백성이 아니더니 이제는 하나님의 백성이요 전에는 긍휼을 얻지 못하였더니 이제는 긍휼을 얻은 자니라 사랑하는 자들아 거류민과 나그네 같은 너희를 권하노니 영혼을 거슬러 싸우는 육체의 정욕을 제어하라 너희가 이방인 중에서 행실을 선하게 가져 너희를 악행한다고 비방하는 자들로 하여금 너희 선한 일을 보고 오시는 날에 하나님께 영광을 돌리게 하려 함이라.

문 35

우리가
오직 믿음으로 말미암아
은혜로만 구속받았다면,
이 믿음은
어디에서 온 것입니까?

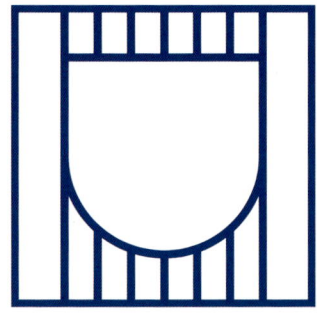

답

믿음을 포함하여 우리가 그리스도께 받은 모든 선물은 **성령에게서 온 것**입니다.

디도서 3장 4-6절
우리 구주 하나님의 자비와 사람 사랑하심이 나타날 때에 우리를 구원하시되 우리가 행한 바 의로운 행위로 말미암지 아니하고 오직 그의 긍휼하심을 따라 중생의 씻음과 성령의 새롭게 하심으로 하셨나니 우리 구주 예수 그리스도로 말미암아 우리에게 그 성령을 풍성히 부어 주사.

3부

성령 하나님
회복
성화

문 36

성령에 관해 우리는 무엇을 믿습니까?

답

우리는 성령이 하나님이라는 것, 성부와 성자와 영원히 공존하신다는 것, 하나님이 모든 믿는 자에게 허락하신 성령은 영원히 우리와 함께하신다는 것을 믿습니다.

요한복음 14장 16-17절
내가 아버지께 구하겠으니 그가 또 다른 보혜사를 너희에게 주사 영원토록 너희와 함께 있게 하리니 그는 진리의 영이라 세상은 능히 그를 받지 못하나니 이는 그를 보지도 못하고 알지도 못함이라 그러나 너희는 그를 아나니 그는 너희와 함께 거하심이요 또 너희 속에 계시겠음이라.

문 37

성령은 우리를 어떻게 도우십니까?

답

성령은 우리 죄를 깨닫게 하시며, 우리를 위로하시고 인도하시며, 영적 은사와 하나님께 순종하려는 열망을 주십니다. 또한 우리가 기도하고 하나님의 말씀을 이해하도록 도우십니다.

에베소서 6장 17-18절
구원의 투구와 성령의 검 곧 하나님의 말씀을 가지라 모든 기도와 간구를 하되 항상 성령 안에서 기도하고 이를 위하여 깨어 구하기를 항상 힘쓰며 여러 성도를 위하여 구하라.

문 38

기도는 무엇입니까?

답

기도는 찬양, 간구, 죄 고백, 감사로 우리 마음을 하나님께 쏟아 내는 것입니다.

시편 62편 8절
백성들아 시시로 그를 의지하고 그의 앞에 마음을 토하라 하나님은 우리의 피난처시로다.

문 39

우리는
어떤 자세로
기도해야 합니까?

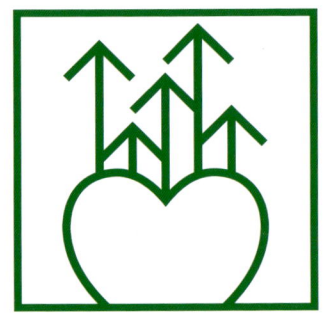

답

사랑과 인내와 감사로 기도해야 합니다. 그리스도 때문에 하나님이 우리 기도를 늘 들으신다는 사실을 알고 하나님 뜻에 겸손히 순종하는 자세로 기도해야 합니다.

빌립보서 4장 6절
아무것도 염려하지 말고 다만 모든 일에 기도와 간구로, 너희 구할 것을 감사함으로 하나님께 아뢰라.

문 40

우리는 무엇을 기도해야 합니까?

답

예수님이 우리에게 직접 가르쳐 주신 기도를 포함하여, 하나님의 모든 말씀이 우리가 무엇을 기도해야 할지 가르치고 영감을 줍니다.

에베소서 3장 14-21절
이러므로 내가 하늘과 땅에 있는 각 족속에게 이름을 주신 아버지 앞에 무릎을 꿇고 비노니 그의 영광의 풍성함을 따라 그의 성령으로 말미암아 너희 속사람을 능력으로 강건하게 하시오며 믿음으로 말미암아 그리스도께서 너희 마음에 계시게 하시옵고 너희가 사랑 가운데서 뿌리가 박히고 터가 굳어져서 능히 모든 성도와 함께 지식에 넘치는 그리스도의 사랑을 알고 그 너비와 길이와 높이와 깊이가 어떠함을 깨달아 하나님의 모든 충만하신 것으로 너희에게 충만하게 하시기를 구하노라 우리 가운데서 역사하시는 능력대로 우리가 구하거나 생각하는 모든 것에 더 넘치도록 능히 하실 이에게 교회 안에서와 그리스도 예수 안에서 영광이 대대로 영원무궁하기를 원하노라 아멘.

문 41

주기도문은 무엇입니까?

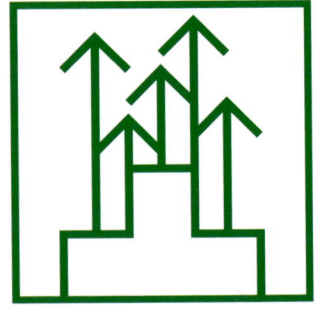

답
—

하늘에 계신 우리 아버지여 이름이 거룩히 여김을 받으시오며 나라가 임하시오며 뜻이 하늘에서 이루어진 것같이 땅에서도 이루어지이다. 오늘 우리에게 일용할 양식을 주시옵고 우리가 우리에게 죄 지은 자를 사하여 준 것같이 우리 죄를 사하여 주시옵고 우리를 시험에 들게 하지 마시옵고 다만 악에서 구하시옵소서.

마태복음 6장 9절
그러므로 너희는 이렇게 기도하라 하늘에 계신 우리 아버지여 이름이 거룩히 여김을 받으시오며…….

문 42

하나님의 말씀을 어떻게 읽고 들어야 합니까?

답

열심을 다해 준비된 마음으로 기도하며 읽고 들어야 합니다. 그리하여 믿음으로 말씀을 받아들이고, 우리 마음에 말씀을 채우고, 우리 삶으로 말씀을 실천해야 합니다.

디모데후서 3장 16-17절
모든 성경은 하나님의 감동으로 된 것으로 교훈과 책망과 바르게 함과 의로 교육하기에 유익하니 이는 하나님의 사람으로 온전하게 하며 모든 선한 일을 행할 능력을 갖추게 하려 함이라.

문 43

성례 또는 규례는 무엇입니까?

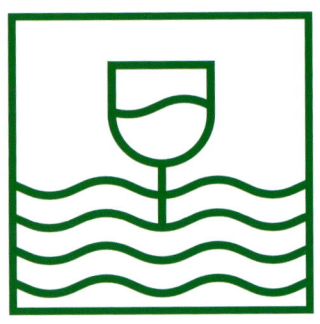

답

성례 또는 규례란 하나님이 주시고 그리스도가 제정하신 것으로, 세례와 성찬을 말합니다. 이것들은 그리스도의 죽음과 부활을 통해 우리가 믿음의 공동체로 하나 되었다는 가시적인 표징이자 보증입니다. 이것들을 행함으로, 성령님은 우리에게 주신 복음의 약속을 더 온전하게 선포하고 보증하십니다.

로마서 6장 4절
그러므로 우리가 그의 죽으심과 합하여 세례를 받음으로 그와 함께 장사되었나니 이는 아버지의 영광으로 말미암아 그리스도를 죽은 자 가운데서 살리심과 같이 우리로 또한 새 생명 가운데서 행하게 하려 함이라.

문 44

세례는 무엇입니까?

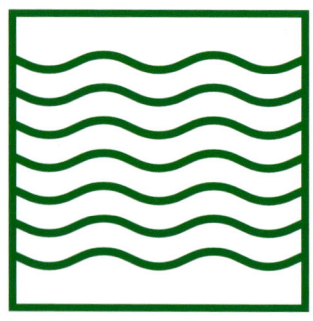

답

세례란 아버지와 아들과 성령의 이름으로 물로 씻어 내는 것입니다. 이것은 우리가 그리스도에게 양자로 받아들여졌고, 죄에서 씻기었으며, 주님과 주님의 교회에 속하기로 작정하였음을 상징하고 보증하는 것입니다.

마태복음 28장 19절
그러므로 너희는 가서 모든 민족을 제자로 삼아 아버지와 아들과 성령의 이름으로 세례를 베풀고.

문 45

물 세례가 죄를 씻어 줍니까?

답

그렇지 않습니다. 오직 그리스도의 피와 성령의 새롭게 하심만이 우리를 죄에서 씻어 줍니다.

누가복음 3장 16절
요한이 모든 사람에게 대답하여 이르되 나는 물로 너희에게 세례를 베풀거니와 나보다 능력이 많으신 이가 오시나니 나는 그의 신발끈을 풀기도 감당하지 못하겠노라 그는 성령과 불로 너희에게 세례를 베푸실 것이요.

문 46

성찬은
무엇입니까?

답

그리스도께서는 모든 그리스도인에게 자신과 자신의 죽음을 감사함으로 기억하며 떡을 떼고 잔을 나누라고 하셨습니다. 성찬을 하며 우리는 하나님이 우리 가운데 임재하심을 기념합니다. 하나님과 다른 이들과 교제하며, 우리 영혼을 먹이고 양육합니다. 또한 우리는 아버지의 나라에서 그리스도와 함께 먹고 마실 날을 고대합니다.

고린도전서 11장 23-26절
내가 너희에게 전한 것은 주께 받은 것이니 곧 주 예수께서 잡히시던 밤에 떡을 가지사 축사하시고 떼어 이르시되 이것은 너희를 위하는 내 몸이니 이것을 행하여 나를 기념하라 하시고 식후에 또한 그와 같이 잔을 가지시고 이르시되 이 잔은 내 피로 세운 새 언약이니 이것을 행하여 마실 때마다 나를 기념하라 하셨으니 너희가 이 떡을 먹으며 이 잔을 마실 때마다 주의 죽으심을 그가 오실 때까지 전하는 것이니라.

문 47

성찬은 그리스도의 구속 사역에 무언가를 더하는 것입니까?

답

그렇지 않습니다. 그리스도는 단번에 죽으셨습니다. 성찬은 그리스도의 구속 사역을 기념하는 언약의 식사입니다. 또한 그분을 바라보며 우리 믿음을 강하게 하는 수단이며, 앞으로 열릴 잔치를 미리 맛보는 것입니다. 그러나 회개하지 않는 마음으로 참여하는 자는 자신에게 임할 심판을 먹고 마시는 것입니다.

베드로전서 3장 18절
그리스도께서도 단번에 죄를 위하여 죽으사 의인으로서 불의한 자를 대신하셨으니…….

문 48

교회는
무엇입니까?

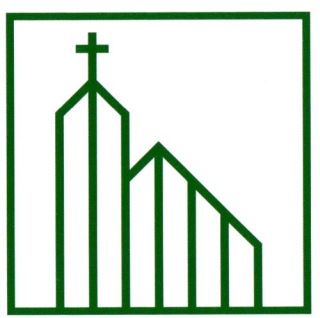

답

교회는 하나님이 직접 택하시고 지키시는 공동체입니다. 이 공동체는 영생을 얻도록 택함 받고 믿음으로 하나 된 자들로, 함께 하나님을 사랑하고, 따르며, 배우고, 예배합니다. 하나님은 이 공동체를 보내셔서 복음을 선포하게 하시고, 함께 나누고 서로 사랑하는 모습을 통해 그리스도의 나라를 미리 보여 주십니다.

데살로니가후서 2장 13절
주께서 사랑하시는 형제들아 우리가 항상 너희에 관하여 마땅히 하나님께 감사할 것은 하나님이 처음부터 너희를 택하사 성령의 거룩하게 하심과 진리를 믿음으로 구원을 받게 하심이니.

문 49

그리스도는
지금 어디에 계십니까?

답

그리스도는 죽으신 지 사흘 만에 무덤에서 온전히 부활하셔서 아버지 오른편에 앉아 계십니다. 그리고 온 세상을 심판하시고 새롭게 하기 위해 돌아오실 때까지 그곳에서 하나님 나라를 통치하시고 우리를 중보하십니다.

에베소서 1장 20-21절
그의 능력이 그리스도 안에서 역사하사 죽은 자들 가운데서 다시 살리시고 하늘에서 자기의 오른편에 앉히사 모든 통치와 권세와 능력과 주권과 이 세상뿐 아니라 오는 세상에 일컫는 모든 이름 위에 뛰어나게 하시고.

문 50

그리스도의 부활은 우리에게 무슨 의미가 있습니까?

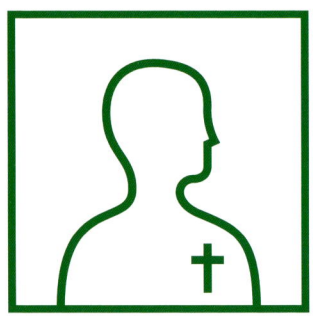

답

그리스도는 육체로 부활하셔서 죄와 사망을 이기셨습니다. 그래서 그분을 믿는 사람은 누구나 이 세상에서 새로운 생명을 얻고 앞으로 올 세상에서 영생을 얻습니다. 우리가 언젠가 부활하듯이, 이 세상도 언젠가 회복될 것입니다. 하지만 그리스도를 믿지 않는 사람은 영원한 죽음을 당할 것입니다.

데살로니가전서 4장 13-14절
형제들아 자는 자들에 관하여는 너희가 알지 못함을 우리가 원하지 아니하노니 이는 소망 없는 다른 이와 같이 슬퍼하지 않게 하려 함이라 우리가 예수께서 죽으셨다가 다시 살아나심을 믿을진대 이와 같이 예수 안에서 자는 자들도 하나님이 그와 함께 데리고 오시리라.

문 51

그리스도의 승천은 우리에게 어떤 유익이 있습니까?

답

그리스도는 우리를 위해 육신을 입고 이 땅에 내려오신 것처럼, 우리를 대신하여 육신을 입고 승천하셨습니다. 이제 아버지가 계신 곳에서 우리를 대변하시고, 우리가 머물 장소를 준비하시며, 자신의 영을 우리에게 보내십니다.

로마서 8장 34절
누가 정죄하리요 죽으실 뿐 아니라 다시 살아나신 이는 그리스도 예수시니 그는 하나님 우편에 계신 자요 우리를 위하여 간구하시는 자시니라.

문 52

영생은
우리에게
어떤 희망을 줍니까?

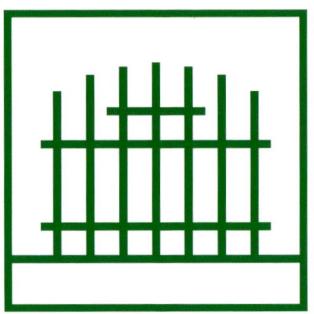

답

영생은 타락한 이 세상이 전부가 아니며, 곧 새로운 도성인 새 하늘과 새 땅에서 하나님과 영원히 함께 살며 그분을 즐거워하게 되리라는 사실을 일깨워 줍니다. 우리는 모든 죄에서 완전하고 영원히 해방되어 새롭게 회복된 창조 세계에서 새롭게 회복된 몸을 입고 살게 될 것입니다.

요한계시록 21장 1-4절
또 내가 새 하늘과 새 땅을 보니 처음 하늘과 처음 땅이 없어졌고 바다도 다시 있지 않더라 또 내가 보매 거룩한 성 새 예루살렘이 하나님께로부터 하늘에서 내려오니 그 준비한 것이 신부가 남편을 위하여 단장한 것 같더라 내가 들으니 보좌에서 큰 음성이 나서 이르되 보라 하나님의 장막이 사람들과 함께 있으매 하나님이 그들과 함께 계시리니 그들은 하나님의 백성이 되고 하나님은 친히 그들과 함께 계셔서 모든 눈물을 그 눈에서 닦아 주시니 다시는 사망이 없고 애통하는 것이나 곡하는 것이나 아픈 것이 다시 있지 아니하리니 처음 것들이 다 지나갔음이러라.

복습

직접 써 보는 것은 암기를 돕는 유용한 보조 수단이다. 이 장을 활용하여 복습해 보라. 이 장에 나온 각 질문에 대한 답을 직접 써 보고, 책을 찾아보며 맞게 썼는지 확인해 보라.

1부_ 성부 하나님, 창조와 타락, 율법

 문1_ 사나 죽으나 우리의 유일한 희망은 무엇입니까?

 문8_ 하나님의 율법은 십계명에 어떻게 나타나 있습니까?

 문14_ 하나님은 우리를 만드실 때 자신의 율법을 지킬 수 없도록 만드신 것입니까?

 문2_ 하나님은 어떤 분입니까?

 문9_ 하나님은 첫째 계명, 둘째 계명, 셋째 계명에서 무엇을 명하십니까?

 문15_ 어느 누구도 율법을 지킬 수 없다면, 율법의 목적은 무엇입니까?

 문3_ 하나님께는 얼마나 많은 위격이 있습니까?

 문10_ 하나님은 넷째 계명과 다섯째 계명에서 무엇을 명하십니까?

 문16_ 죄는 무엇입니까?

 문4_ 하나님은 우리를 어떻게, 왜 창조하셨습니까?

 문11_ 하나님은 여섯째 계명, 일곱째 계명, 여덟째 계명에서 무엇을 명하십니까?

 문17_ 우상 숭배는 무엇입니까?

 문5_ 하나님은 또 무엇을 창조하셨습니까?

 문12_ 하나님은 아홉째 계명과 열째 계명에서 무엇을 명하십니까?

 문18_ 하나님은 우리의 불순종과 우상 숭배를 벌하지 않으십니까?

 문6_ 우리는 어떻게 하나님을 영화롭게 할 수 있습니까?

 문13_ 하나님의 율법을 완전하게 지킬 수 있습니까?

 문19_ 형벌을 면하고 다시 하나님의 은혜를 누릴 방법이 있습니까?

문7_ 하나님의 율법은 무엇을 명하고 있습니까?

 문20_ 구속자는 누구입니까?

2부_ 성자 하나님, 구속, 은혜

 문21_ 우리가 하나님께 다시 인도되려면 어떠한 구속자가 필요합니까?

 문22_ 구속자는 왜 참 인간이셔야 합니까?

 문23_ 구속자는 왜 참 하나님이셔야 합니까?

 문24_ 구속자이신 그리스도께서 왜 죽으셔야 했습니까?

 문25_ 그리스도의 죽음은 우리의 모든 죄를 용서받을 수 있다는 뜻입니까?

 문26_ 그리스도의 죽음은 또 무엇을 구속합니까?

 문27_ 모든 사람이 아담으로 타락한 것처럼 모든 사람이 그리스도를 통해 구원을 받습니까?

 문28_ 믿음으로 그리스도와 연합하지 않은 자들은 죽은 후에 어떻게 됩니까?

 문29_ 어떻게 해야 구원을 받을 수 있습니까?

 문30_ 예수 그리스도를 믿는 믿음이란 무엇입니까?

 문31_ 참된 믿음으로 우리는 무엇을 믿습니까?

 문32_ 칭의와 성화는 무엇입니까?

 문33_ 그리스도를 믿는 자들이 자신의 공로나 그밖에 다른 것으로 구원을 받을 수 있습니까?

 문34_ 오직 그리스도를 통해 은혜로만 구속받았는데도 여전히 하나님의 말씀에 순종하며 선을 행해야 합니까?

 문35_ 우리가 오직 믿음으로 말미암아 은혜로만 구속받았다면, 이 믿음은 어디에서 온 것입니까?

3부_ 성령 하나님, 회복, 성화

 문36_ 성령에 관해 우리는 무엇을 믿습니까?

 문37_ 성령은 우리를 어떻게 도우십니까?

 문38_ 기도는 무엇입니까?

 문39_ 우리는 어떤 자세로 기도해야 합니까?

 문40_ 우리는 무엇을 기도해야 합니까?

 문41_ 주기도문은 무엇입니까?

 문42_ 하나님의 말씀을 어떻게 읽고 들어야 합니까?

 문43_ 성례 또는 규례는 무엇입니까?

 문44_ 세례는 무엇입니까?

 문45_ 물 세례가 죄를 씻어 줍니까?

 문46_ 성찬은 무엇입니까?

 문47_ 성찬은 그리스도의 구속 사역에 무언가를 더하는 것입니까?

 문48_ 교회는 무엇입니까?

 문49_ 그리스도는 지금 어디에 계십니까?

 문50_ 그리스도의 부활은 우리에게 무슨 의미가 있습니까?

 문51_ 그리스도의 승천은 우리에게 어떤 유익이 있습니까?

 문52_ 영생은 우리에게 어떤 희망을 줍니까?

뉴시티 교리문답

초판 발행	2018년 1월 1일
초판 5쇄	2024년 11월 29일
지은이	복음 연합·리디머 장로교회
옮긴이	(주)죠이북스
발행인	손창남
발행처	(주)죠이북스(등록 2022. 12. 27. 제2022-000070호)
주소	02576 서울시 동대문구 왕산로19바길 33, 1층
전화	(02) 925—0451(대표 전화)
	(02) 929—3655(영업팀)
팩스	(02) 923-3016
인쇄소	송현문화
판권소유	ⓒ(주)죠이북스
ISBN	979-11-981521-7-6 04230
	979-11-981521-6-9 04230(세트)

책값은 뒤표지에 있습니다.
잘못된 도서는 교환하여 드립니다.
이 책 내용을 허락 없이 옮겨 사용할 수 없습니다.